ギリギリの甘さで仕上げる新しいおいしさ。

あまくないから
おいしいお菓子

坂田阿希子

はじめに

　そのお店は狭い道沿いにあって、前を通ると珈琲のいい香りがいつも流れている。中には温かな黄色いランプの光が見えて、昼間でも店内はしっとりと暗く、落ち着いた雰囲気。

　丁寧に淹れられたネルドリップの珈琲はもちろんおいしいのだけれど、わたしが衝撃を受けたのはその店のチーズケーキ。ひと口食べて、まったく砂糖が入っていないかのような甘くないそのチーズケーキにとにかく驚いた。ふた口め、鼻先から抜けるクリームチーズのミルクの風味を感じ、三口め、サワークリームの酸味を感じる。次にはかすかな甘みを探し当て、そしてぺろりとなくなった。このまったく甘くないチーズケーキ、その後わたしは、この店に行ったら必ず頼まずにいられなくなるほどに気に入ってしまった。

　お砂糖の甘みは魅力的だ。疲れたときには一瞬にして体に元気をくれるし、果物と合わせればさらに酸味が引き立ち、ケーキの生地にしっとりと水分を蓄え、こんがりとした焼き色もつけてくれる。いい匂いもする。わたし自身、甘いお菓子も大好きなのだ。

　でも、この珈琲屋さんのチーズケーキのような、甘さを極限までおさえたお菓子は、ギリギリの甘さだからこそのおいしさ。食べた後に、口の中に甘さが残らずなんともすっきり。ケーキの中の素材の味をしっかりと確かめながらおいしさを楽しめる。こういうお菓子もやっぱり好きだ。

　「お砂糖を控えた甘くないお菓子をつくってほしい」とお話をいただいたとき、最初に思い出したのがこの珈琲屋さんのチーズケーキ。あの衝撃的な味わい、甘くないからこそ感じる素材の味、おいしさを表現できるお菓子の魅力。そんなお菓子の本がつくれたら。

　この「あまくないお菓子」たちの魅力を、文字でも写真でも説明するのはなかなか難しい。まずは一品、ぜひつくってみてほしいのです。そして、ひと口めに甘くないことに驚き、ふた口めに素材の風味や甘みを感じ、最後にはかすかな甘みを探し当ててほしい。

　きっと新しいおいしさを発見していただけるのではないかと思います。

坂田阿希子

Contents

はじめに 002

1 　セージバターが香ばしいパルメザンチーズパウンド 006
2 　甘塩っぱくてコクのあるミックスチーズパウンド 008
3 　甘さを極限までおさえた濃厚なチーズテリーヌ 012
4 　水きりヨーグルトの軽いクレーム・ダンジュ 014
5 　ナッツぎっしりのパイ、スティックチーズパイ 018
6 　フェンネルが甘く香るほろほろのショートブレッド 022
7 　カルダモンとナッツ風味のさっぱりしたクルフィ 024
8 　オレンジとコリアンダーのサブレ、レモンとローズマリーのサブレ 028
9 　ジャムなしでおいしいブルーチーズといちじくのスコーン 032
10　ドライフルーツたっぷりの水きりヨーグルトケーキ 034
11　アーモンド風味のしっとりとしたガトーショコラナンシー 038
12　干し柿といちじく、グラノーラのダークチョコレートバー 040
13　フルーツよりみずみずしいフルーツゼリーテリーヌ 044
14　生チョコのような生地で巻いたカカオロールケーキ 048
15　サラダ感覚でフレッシュなトマトとグレープフルーツのゼリー 050
16　スライスりんごたっぷりの甘酸っぱくて素朴なパイ 054

17　アールグレイとレモンが香るかぼちゃのドーナツ *056*

18　白桃のメープルコンポート、いちじくのはちみつコンポート *060*

19　こしょうのスパイシーグラニテ、ミントミルクティーのグラニテ *062*

20　コーヒー風味のぱりっとしたモカシュークリーム *066*

21　ブランデーが香る苦いキャラメルと黒糖のプリン *070*

22　抹茶とナッツのキッフェルン、きなこと和三盆のキッフェルン *072*

23　コーヒー小豆をのせた豆花　しょうがのシロップで *076*

24　香り高い抹茶寒天と黒豆のみつ豆　淡い甘みのシロップで *078*

25　オートミールとほうじ茶のざくざくしたカントリークッキー *082*

26　酒かすとキャラメルミルクのほろ苦いフレンチトースト *084*

複雑で奥深いお菓子の"甘み" *089*

甘い材料 *090*

甘みを引き立てる材料 *091*

基本の材料 *092*

お菓子づくりの下準備 *093*

本書で使った道具 *094*

本書の決まり
・小さじ1は5㎖、大さじ1は15㎖、
　1カップは200㎖です。
・オーブンの設定温度、焼き時間は
　電気オーブンを基準にしています。
　焼き時間は、熱源や機種によって違いが
　出ますので、記載時間を目安に、
　様子をみながら加減してください。
・オーブンは設定温度で予熱してから使います。

Number 1

「セージバターが香ばしい パルメザンチーズパウンド」

　何も説明せずにこのケーキをすすめると、食べた人は皆、焦がしバターの甘く香ばしい味に重なった得も言われぬ香りにうっとりとして聞いてきます。「いったい、これは何の香り？」――答えはセージです。

　フランス語でブール・ノワゼットと呼ばれる焦がしバターの条件は、焦げ茶色になるまで焦がすだけでなく、香りがノワゼット（ヘーゼルナッツ）のように香ばしくなること。すがすがしい香りのフレッシュセージを入れてともに熱していくうちに、味と香りが渾然一体となり、素晴らしく印象深い風味が生まれるのです。

　卵をしっかりと泡立てて気泡を含ませた生地にこのセージバターを混ぜると、気泡がすっと消え、やや目の詰まった、しっとりと落ち着いたテクスチャーに焼き上がります。ひと口めは、口の中で溶かすようにゆっくりと味わってみてください。セージバターの風味に続いて、はちみつの花の蜜の香り、パルメザンチーズの塩気とコク、レモンのさわやかな酸味が次々に顔を出すはずです。

　砂糖の量はきび砂糖20グラムだけなのに、はちみつの効果で甘みが口の中に長くとどまり、十分な満足感が得られます。一度食べたら忘れられないおいしさです。

つくり方⇒p.10

Number

2

「甘塩っぱくてコクのある
ミックスチーズパウンド」

　このケーキには、2種類のチーズをたっぷりと焼き込んでいます。きつね色に焼けたまわりの部分はチーズの香ばしい味がして、内側のクリーム色の部分はチーズのミルキーなコクと甘塩っぱい味。どこを食べてもチーズが香ります。

　使ったのは、エダムチーズとパルメザンチーズです。エダムチーズはミルクのコクも塩気も強めで、パルメザンチーズはうまみの濃さが格別です。たがいに風味を補い合い、相乗効果で味を深めてくれます。わずかに加えた塩が、味のまとめ役です。きび砂糖の甘みを引き出し、全体を引き締めてくれます。

　生地のテクスチャーは、ベーキングパウダーの効果で適度に浮いて、ざっくりとした口あたりになります。焼きたてもいいけれど、乾燥を防いで1日、また1日とおくうちに、日増しに味がなじんでうまみが増します。

　一般的なパウンドケーキの半量しか砂糖を使っていませんが、甘さ控えめだからこそ、チーズの豊かな風味が生き、甘いケーキが苦手な方でもぱくりとほおばれるおいしさです。朝食代わりに、軽くトーストしてバターをのせるのもおすすめです。

つくり方 ⇒ p.11

セージバターが香ばしいパルメザンチーズパウンド

材料（パウンド型 12×8×高さ6.5cm / 1台分）
セージ（フレッシュ）… 2枝
バター（あれば発酵バター）… 120g
パルメザンチーズ … 30g
A
　全卵 … 2個
　はちみつ … 40g
　きび砂糖 … 20g
薄力粉 … 70g
レモンの皮（国産。すりおろす）… 1個分
塩 … ふたつまみ

［仕上げ用］
セージの葉（フレッシュ）… 3枚

つくり方

1　鍋にバターとセージを入れ、中火にかけてバターを溶かす。小さじ1ほどをとり分けて型の内側に塗り、冷蔵庫に入れて冷やし固めた後、強力粉（材料外）を内側全体にふって余分な粉を落とす。パルメザンチーズはすりおろす。

2　セージバターの入った**1**の鍋はときどきゆすりながら熱し続け（**a**）、バター全体が濃いめの茶色になるまで焦がす。すぐに鍋底を水につけて温度上昇を止め、人肌程度に冷ます。

3　ペーパータオルを敷いたストレーナーで漉す（正味60g / **b**）。

4　ボウルに**A**を入れ、直に中火にかけて、ボウルを少しずつ回しながら泡立て器で全体を混ぜる。糖類が溶け、卵液がさらっとした状態になり、指を入れたときに温かさを感じるくらいの温度になったら（**c**）、火から下ろす。

5　**4**をハンドミキサーや泡立て器でもったりとするまで泡立てる。生地をすくって落としたときに、生地で描いた線の跡がしばらく消えずに残るくらいまでしっかりと泡立てる（**d**）。

6　ふるった薄力粉を2回に分けて加え、ゴムべらでさっくりと混ぜる（粉むらが残っていてよい）。塩、パルメザンチーズ（**e**）、レモンの皮も加えて混ぜる。

7　**3**をゴムべらで受けて細くたらすようにして**6**に加え、むらなく混ぜる。

8　**1**で準備した型に流し入れ、型の底を台にとんとんと打ちつけて平らにならす。

9　表面にセージの葉をのせ、160℃のオーブンで40〜50分焼く。型から出してケーキクーラーにのせて、粗熱をとる。翌日以降がおいしい。

a　　b　　c　　d　　e

甘塩っぱくてコクのあるミックスチーズパウンド

材料（パウンド型17×8×高さ7.5cm／1台分）
エダムチーズ … 50g
パルメザンチーズ … 30g
バター … 120g
きび砂糖 … 50g
全卵 … 2個
A
　薄力粉 … 120g
　ベーキングパウダー … 小さじ1
塩 … ふたつまみ

つくり方

1　エダムチーズとパルメザンチーズはすりおろす。

2　バターは室温でやわらかくしてボウルに入れ、きび砂糖を加える。ゴムべらで練り混ぜてから、泡立て器で白っぽくなるまでしっかりとすり混ぜる。

3　よく溶いた全卵を6〜7回に分けて2に少量ずつ加え（a）、分離しないようにしっかりと混ぜる。

4　3に1と塩を加え（b）、混ぜる。

5　合わせてふるったAを加え（c）、ゴムべらでむらなく混ぜる。

6　バター（分量外）を塗ってオーブンシートを敷いた型に入れ（d）、型の底を台にとんとんと打ちつけて空気を抜き、ゴムべらで表面を平らにならす。

7　表面中央にナイフで浅い切り目を1本入れ（e）、170℃のオーブンに入れる。5〜6分したら一度取り出し、表面の切り目がくっついていたら再度切り目を入れる。

8　オーブンに戻してさらに40〜45分焼く。型から出してケーキクーラーにのせ、粗熱をとる。翌日以降がおいしい。

Number
3

「甘さを極限までおさえた
濃厚なチーズテリーヌ」

　初めてこのチーズテリーヌを味わうと、甘みの少なさに驚くかもしれません。しっかりと甘いお菓子はもちろんおいしいけれど、甘さをギリギリまでおさえたこのチーズテリーヌには、まったく別のおいしさがあります。

　使った砂糖の量は、わずか40グラム。一般的なチーズケーキのレシピの半分以下です。その代わり、クリームチーズの量は6割増し。舌にのせた瞬間から、濃厚でミルキーなコクがひろがりはじめます。甘みが少ないと、舌が甘みを探そうとして一生懸命に味わおうとするもので、ふつうのチーズケーキの何倍もチーズのおいしさを感じとれます。ふた口めには、サワークリームのさわやかな酸味に気づくでしょう。そして三口めに、奥のほうに隠れていた甘みを舌が探りあてます。こんなふうに素材の風味を存分に、ゆっくりと楽しめるのは、甘さ控えめだからこそ。砂糖が素材の味や香りを引き立ててくれているのがよくわかります。

　このケーキのおいしさは、主役であるクリームチーズの風味で決まりますので、ぜひお気に入りのものでつくってみてください。また、甘さが少ない分、ワインとの相性が抜群です。冷えたスパークリングワインや白ワインとともに味わうと、おいしさがいっそう膨らみます。

つくり方 ⇒ p.16

Number

4

「水きりヨーグルトの軽いクレーム・ダンジュ」

　このお菓子の原型は、フランスのアンジュ地方に伝わるデザート「クレメ・ダンジュ」です。フロマージュ・ブランというフレッシュチーズを使い、水分をきるためにガーゼで包むという、酪農が盛んな土地ならではのミルキーなデザートです。
　このデザートを身近な材料、ヨーグルトとカッテージチーズでアレンジしてみました。どちらも発酵による心地よい酸味があり、あっさりしていますが、ヨーグルトは水きりするとコクが出ます。生クリームを少量混ぜていますが、全体としては乳脂肪分がかなり低め。こんなライトなミルクデザートには、ライトな甘みが似合います。口溶けのよい粉糖を、甘さを感じるギリギリの量加えるだけで十分です。強い甘みをつけると甘みばかりが目立って、かえってしつこくなります。
　中に入れた白桃がソース代わりです。桃のみずみずしさや甘やかな香りが、軽やかなミルク味にこの上なく合います。いちごやブルーベリー、ラズベリーなど、甘みも酸味もある果物をつぶして入れてもよいでしょう。
　ヨーグルトの種類や水きりぐあいで、仕上がりの濃さが若干変わりますが、それぞれにおいしさがあります。どうぞお好みのものでおためしください。

つくり方⇒p.17

甘さを極限までおさえた濃厚なチーズテリーヌ

材料(パウンド型17×8×高さ7.5cm / 1台分)
クリームチーズ … 400g
サワークリーム … 100g
バター … 30g
グラニュー糖 … 40g
卵黄 … 2個分
全卵 … 1個
コーンスターチ … 大さじ1

つくり方

1 クリームチーズとバターは室温でやわらかくしておき、ボウルに合わせてゴムべらで混ぜてなめらかにする(**a**)。

2 サワークリームを加えて混ぜ、グラニュー糖を加えてむらなく混ぜる。

3 卵黄を1個ずつ加えて泡立て器で混ぜ込み、さらに全卵を加えてむらなく混ぜる(**b**)。

4 ふるったコーンスターチを加えてむらなく混ぜる(**c**)。

5 バター(分量外)を塗ってオーブンシートを敷いたパウンド型に流し入れ(**d**)、型の底を台にとんとんと打ちつけて平らにならす。

6 天板にバットをのせて**5**を置き、バットに熱湯を型の1/3の高さまで注ぐ(**e**)。150℃のオーブンで40〜50分湯せん焼きにする。

7 湯せんから外して粗熱をとり、型ごとラップかアルミ箔をかけて冷蔵庫でひと晩ねかせる。

水きりヨーグルトの軽いクレーム・ダンジュ

材料（7個分）
プレーンヨーグルト（無糖）… 200g
　（⇒水きり後100g）
カッテージチーズ（裏漉しタイプ）… 100g
粉糖 … 40g
生クリーム … 50mℓ
卵白 … 1個分
レモン汁 … 少々
板ゼラチン … 2g
白桃 … 1個

つくり方

1　ヨーグルトは不織布製のペーパータオルを敷いたストレーナーにあけ、冷蔵庫に入れて1時間ほど水きりする。板ゼラチンは水につけておく。

2　カッテージチーズは室温でやわらかくしてボウルに入れ、**1**のヨーグルトを合わせ、粉糖の半量を加えてゴムべらでむらなく混ぜる（**a**）。

3　**1**の板ゼラチンの水気をきり、湯せんで溶かして**2**に加える。レモン汁も加えてむらなく混ぜる（**b**）。

4　生クリームは角が立つくらいにしっかりと泡立てる。別のボウルに卵白を入れ、少し泡立てたところに残りの粉糖を2回に分けて加え、しっかりとしたメレンゲにする（**c**）。これを生クリームに加えて混ぜる。

5　**3**に**4**の⅓量を加えてゴムべらでむらなく混ぜ、残りの**4**を加えてふんわりと全体を混ぜる。

6　口径約7.5cmの底がすぼまったグラスに、約24cm四方のガーゼを敷く。白桃は皮をむいて1〜2cm角に切り、レモン汁少々（分量外）をまぶす。

7　スープスプーンで**5**を山盛り1杯ずつ**6**のグラスに入れる。桃を3切れずつのせ、残りの**5**をスプーンで分け入れる（**d**）。

8　ガーゼを寄せ、てるてる坊主のように丸く絞ってひもでしばり（**e**）、グラスに戻す（グラスの底につかないように）。

9　冷蔵庫に2時間以上おいて余分な水分をきりながら冷やし固める。ガーゼからとり出して器に盛る。

a　　　b　　　c　　　d　　　e

Number
5
「ナッツぎっしりのパイ、スティックチーズパイ」

　バターたっぷりの、口溶けのよい練りパイ生地──ブリゼ生地でつくる2種類のパイをご紹介しましょう。ブリゼ生地はタルトやキッシュのケースとしてよく使われるもので、甘くないから合わせる素材の風味を引き立てることができます。フードプロセッサーで手軽につくれて、冷凍保存できるのもいいところ。
　この生地にアーモンドペーストを塗り、くるみ、アーモンド、マカダミアナッツ、ピスタチオ、松の実をちりばめたのが、ナッツのパイです。生地が甘くない分、ナッツの甘みや香りがしっかりと味わえて、ナッツ好きにはたまらないおいしさです。ナッツは、全種類でなくても数種類あったほうが、異なる風味が重なって味わいが深まります。アーモンドペーストは、ふつうはバターで仕立てますが、ナッツの風味を引き立てるためにオリーブオイルを使い、ナッツとぴったりの相性のはちみつで甘みをつけました。
　チーズパイのほうは、パルメザンチーズ、カイエンヌペッパー、黒こしょうをふって焼くだけの、気軽なスナックです。生地そのもののバターの香りや口溶けのよさが味わえます。ぴりっと辛いのがお好きなら、スパイスの量を多めにどうぞ。塩気がきいているので、ビールやワインのおつまみにも最高です。

つくり方 ⇒ p.20

Number 5

ナッツぎっしりのパイ

材料（つくりやすい分量）
ブリゼ生地 … p.21の半量
❋ アーモンドペースト
　アーモンドパウダー … 60g
　全卵 … 1個
　はちみつ … 大さじ1
　オリーブオイル … 大さじ1
　塩 … ひとつまみ
A（⇒松の実以外、すべて粗く刻む）
　くるみ、皮むきアーモンド、
　マカダミアナッツ、松の実 … 各50g
　ピスタチオ … 15g
粗塩 … 適量

つくり方
1　アーモンドペーストをつくる。ボウルにストレーナーでふるったアーモンドパウダーと塩を合わせ、溶いた全卵、はちみつを加えて泡立て器で混ぜる。さらにオリーブオイルを加えてむらなく混ぜる。
2　台に打ち粉（強力粉・材料外）をし、休ませたブリゼ生地をめん棒で直径約30cm、2〜3mm厚さにのばす。
3　オーブンシートを敷いた天板に2を移し、1をパレットナイフで塗り広げる。
4　Aのナッツを散らし（a）、軽く押して生地に密着させる。全体に粗塩をふる。
5　180℃のオーブンで20〜30分焼く。ケーキクーラーにのせて粗熱をとり、好みの大きさに割る。

a

スティックチーズパイ

材料（つくりやすい分量）
ブリゼ生地 … p.21の半量
パルメザンチーズ … 10g
カイエンヌペッパー … 適量
黒こしょう（粗挽き）… 適量

つくり方
1　台に打ち粉（強力粉・材料外）をし、休ませたブリゼ生地をめん棒で2mm厚さの長方形にのばす。パイカッターなどで12×1.5cmほどの棒状に切る。
2　オーブンシートを敷いた天板に間隔をあけて並べ、刷毛で水を塗る。
3　すりおろしたパルメザンチーズをふり、カイエンヌペッパーと黒こしょうを好みの量ふる。
4　190℃のオーブンで20分ほど焼き、ケーキクーラーにのせて粗熱をとる。

Pâte Brisée

ブリゼ生地

材料（つくりやすい分量）
薄力粉 … 200g
バター … 120g
グラニュー糖 … 20g
塩 … 6g
卵黄 … 1個分
冷水 … 50〜60㎖

つくり方
1　バターは冷蔵庫で冷やしておき、1cm角くらいに切る。
2　フードプロセッサーにふるった薄力粉、1、グラニュー糖、塩を入れ (a)、スイッチのONとOFFを断続的にくり返して攪拌し、そぼろ状にする (b)。
3　卵黄と冷水を混ぜ合わせ、2に少しずつ加えながら攪拌する。
4　全体がひとつにまとまるくらいになったら (c)、卵液を加えるのをやめ、とり出してラップに包み (d)、冷蔵庫で1時間以上休ませる。

＊ブリゼ生地はだれやすいので、生地をのばすときは冷蔵庫でかちかちに冷やしたものを使い、手早く行うこと。途中でだれてきたら、もう一度冷蔵庫で冷やしてから作業するとよい。

a　　　　b　　　　c　　　　d

Number
6

「フェンネルが甘く香る
ほろほろのショートブレッド」

　ショートブレッドは、スコットランドの伝統菓子。日本でも、タータンチェック柄のパッケージの商品がおなじみですね。ほどよい塩気のある素朴なクッキーで、外側はかたいけれど、ひとたびかむとほろっと砕けて、小麦とバターの素直な風味がひろがります。

　このショートブレッドをフェンネルシードを使って、砂糖少なめにアレンジしてみました。フェンネルシードはとても小さなスパイスで、ホールの状態だと香りはほどほどですが、かむと一気に香りがあふれ出します。これをたっぷり焼き込むと、かむたびに香りがはじけて、香りで甘さを表現できるのです。これほど香りのよいクッキーに砂糖で強い甘みをつけては、かえって香りがマスクされてしまいます。フェンネルの甘い香りをサポートする程度の、少量の砂糖で十分なのです。

　ショートブレッドは、生地のテクスチャーづくりもとても大切です。強力粉でがちっとした骨組みをつくり、粉糖の力で生地をさらさらにして、ほろっと砕ける食感をつくり出します。粉っぽいお菓子ですから、ティーポットに紅茶をたっぷりと用意してめしあがれ。

つくり方 ⇒ p.26

Number
7

「カルダモンとナッツ風味の
さっぱりしたクルフィ」

　クルフィは、インドやその周辺の国々で人気のアイスクリームです。ガツンとくる強烈な甘さと、ミルクの濃厚さが特徴です。桁違いの暑さの中で、スパイシーな料理の後にいただくととてもおいしいのですが、家でふだん食べるにはちょっと甘すぎます。

　そこで、ミルクのコクはそのままに、体にやさしい甘さにアレンジしてみました。砂糖の量をぐっと減らし、ヨーグルトでさわやかさをプラスし、スパイスとナッツの香りを重ねるのです。ミルクのコクはほしいけれど、牛乳をどろりとなるまで煮詰めるのは大変なので、エバミルク（無糖練乳）を利用します。牛乳には乳糖という糖類が含まれていて、濃縮すると甘くなります。そこにカルダモンの甘くさわやかな香りとピスタチオの香ばしい甘みを重ねるだけで、厚みのある味わいになり、砂糖は少量で事足りるのです。

　食べごたえがあるのに、後味がすっきりとして、食べた後にのどが渇くことのないライトなアイスクリーム。カレーライスの後にも、しゃれたデザートとしてもおすすめです。

つくり方 ⇒ p.27

Number. 6

フェンネルが甘く香るほろほろのショートブレッド

材料(12本分)
フェンネルシード … 大さじ3
バター … 100g
強力粉 … 170g
粉糖 … 40g
グラニュー糖 … 10g
塩 … ひとつまみ

つくり方

1 バターは1cm角くらいに切り、冷蔵庫で冷やしておく。

2 フードプロセッサーにふるった強力粉、**1**、粉糖、グラニュー糖、塩を入れ、スイッチのONとOFFを断続的にくり返して攪拌し、そぼろ状にする。

3 フェンネルシードを加え(**a**)、ざっと攪拌し、とり出してひとまとめにする。

4 台に打ち粉(強力粉・分量外)をし、**3**をめん棒で1cm厚さの正方形にのばす。横半分に切ってから、縦に6等分に切る(**b**)。

5 竹串で中央に等間隔に穴をあける(**c**)。

6 オーブンシートを敷いた天板に間隔をあけて並べ、160℃のオーブンで20分ほど焼く。ケーキクーラーにのせて粗熱をとる。

カルダモンとナッツ風味のさっぱりしたクルフィ

材料(つくりやすい分量)
カルダモン … 5〜6粒
ピスタチオ … 40粒
牛乳 … 500ml
エバミルク(無糖練乳) … 150ml
プレーンヨーグルト(無糖) … 400g
　(⇒水きり後250g)
グラニュー糖 … 40g

つくり方
1　ピスタチオは天板に広げて170℃のオーブンで10分焼き、スイッチを切った庫内に冷めるまで放置する。むける薄皮はむき、刻む。
2　カルダモンは乳鉢などで軽くつぶしてさやを破き、中の種子を出やすくする(ポリ袋に入れてめん棒でつぶしてもよい)。
3　ヨーグルトは不織布製のペーパータオルを敷いたストレーナーにあけ、冷蔵庫に入れて30分ほど水きりする。
4　深めの鍋に牛乳、エバミルク、**2**を入れる(最初の液体の深さを覚えておく)。火にかけてふわっと沸いた状態で、鍋底が焦げつかないようにときどきゴムべらで混ぜながら、2/3量ほどに煮詰める(**a**)。
5　**4**を漉して鍋に戻し、**1**を少量残して加え(**b**)、グラニュー糖も加えて火にかける。砂糖が溶けたら火を止める。
6　**3**をボウルに移し、**5**を少しずつ加えて泡立て器で混ぜる。
7　バットに流し(**c**)、冷凍庫で十分に冷やし固める。
8　アイスクリームディッシャーやスープスプーンで丸くすくいとり(**d**)、器に盛って残りの**1**を散らす。

a　　　b　　　c　　　d

Number
8

「オレンジとコリアンダーのサブレ、
レモンとローズマリーのサブレ」

　砂糖の甘みには人を陶然とさせる力があるけれど、オレンジとレモンの香りには、人の気持ちをリフレッシュさせる力があると思いませんか？　だれからも愛されるそんな香りを利用して、砂糖の甘みに頼らない、甘くないからおいしい大人のサブレをつくりましょう。

　丸いサブレには、オレンジの皮とコリアンダーシードを焼き込んであります。パクチーの実であるコリアンダーシードには、柑橘類の香りに似た甘い香りがあり、オレンジの香りを高め、甘みも感じさせてくれます。四角いほうには、レモンの皮とローズマリーの葉を焼き込んで、レモンのさわやかさにローズマリーのドライな清涼感を重ねました。仕上げにのせた粒塩が、きりっと味を引き締めます。甘い香りとドライな香り──香りのタイプは異なるけれど、どちらも香りの充実感のおかげで、甘くしなくてもおいしいのです。

　もともとサブレは、バターと小麦粉をサブラージュする（砂のようにさらさらとした状態にすり合わせる）ことで、独特のさくさく感を生み出しますが、ここではコーンスターチを混ぜて、より繊細なテクスチャーに仕上げました。

つくり方 ⇒ p.30

オレンジとコリアンダーのサブレ

材料(つくりやすい分量)
コリアンダーシード … 大さじ1
オレンジの皮 … 1個分
❋ サブレ生地
　バター … 100g
　きび砂糖 … 60g
　卵黄 … 1個分
　薄力粉 … 180g
　コーンスターチ … 20g
　塩 … 小さじ1/2
❋ 卵液
　卵黄 … 1個分
　水 … 小さじ1
　グラニュー糖 … 少々

[仕上げ用]
コリアンダーシード … 適量
オレンジの皮 … 適量

つくり方

1　コリアンダーシードは乳鉢などで細かくつぶす。オレンジの皮は塩をまぶしてこすり、水で洗い流し(塩みがき)、オレンジ色の部分だけをすりおろす。

2　バターは室温でやわらかくしてボウルに入れ、きび砂糖を合わせて泡立て器で白っぽくなるまでしっかりとすり混ぜる。

3　2に塩、1のコリアンダーシードとオレンジの皮を加え(**a**)、むらなく混ぜる。

4　卵黄を加えて混ぜ、合わせてふるった薄力粉とコーンスターチを加え、ゴムべらでさっくりと混ぜる(**b**)。

5　ラップに包み、冷蔵庫で1時間以上休ませる。

6　台に打ち粉(強力粉・材料外)をし、生地をめん棒で5mm厚さにのばし、好みのクッキー型で抜く。

7　オーブンシートを敷いた天板に間隔をあけて並べ、卵液の材料を混ぜ合わせて刷毛で塗る。

8　細かくつぶしたコリアンダーシードをのせ、塩みがきしたオレンジの皮をゼスターで削って散らす。

9　170℃のオーブンで10〜12分焼き、ケーキクーラーにのせて粗熱をとる。

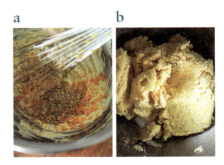

a　b

レモンとローズマリーのサブレ

材料とつくり方
オレンジとコリアンダーのサブレの工程2〜9と同じようにつくる。ただし、工程3ではコリアンダーシードとオレンジの皮の代わりに刻んだローズマリーの葉3枝分とレモンの皮のすりおろし1個分を加え、工程8ではコリアンダーシードとオレンジの皮の代わりにローズマリーの葉と粒塩を各適量のせる。

Number
9

「ジャムなしでおいしい
ブルーチーズといちじくのスコーン」

　スコーンは、クリームと甘いジャムをたっぷりのせて食べるとおいしいものです。丸い型で生地を抜き、焼いているうちに真ん中にぱっくり亀裂が入って膨らむのがイングリッシュタイプ。ナイフでカットするのがアメリカンタイプです。

　ここで紹介するのは、アメリカンタイプのクイックブレッド風。ジャムなしでもおいしく味わえるよう、ブルーチーズとドライいちじくを焼き込んで、黒こしょうでアクセントをつけました。ブルーチーズにはクセがありますが、生地に焼き込むと香りもクセもぐっとマイルドになり、スパイスのような香りとコクだけが残ります。また、ドライいちじくにはナチュラルで濃い甘みと大人っぽい香りがあり、ジャムの役目をはたしてくれます。

　アメリカの一般的な小麦粉、All purpose flour（中力粉）のテクスチャーに近づけるために薄力粉と強力粉を混ぜ、ざっくっとしたテクスチャーと小麦の風味が楽しめるよう、全粒粉も混ぜています。チーズのコクやヨーグルトの酸味のおかげで、卵を加えなくても味わい豊かです。

つくり方⇒p.36

Number

10

「ドライフルーツたっぷりの水きりヨーグルトケーキ」

　後味のすっきりした軽やかなケーキが食べたいときってありませんか？　そんなときのために、バターを使わず、ヨーグルトとオリーブオイルでつくるケーキを紹介しましょう。

　ヨーグルトは水きりして酸味とコクを引き出し、オリーブオイルの油分で生地をしっとりとさせますが、それだけでは生地の風味が足りません。そこで役立つのがアーモンドパウダーです。アーモンドには油脂特有のこっくりした風味があり、甘みと心地よい苦みもあって、お菓子の風味に厚みをもたせてくれます。仕上げにアーモンドに似た香りのリキュール、アマレットを塗って、香りも補いましょう。

　ヨーグルトベースのライトなケーキですから、砂糖のダイレクトな甘さは似合いません。甘さと酸っぱさをあわせもつドライプルーンとレーズンを焼き込んで、かむたびに変化するナチュラルな甘みを楽しみましょう。また、ライトなケーキがその魅力を発揮するには、食感の軽さも大切です。バターを使うケーキでは、バターに空気を抱き込ませて生地を膨らませますが、このケーキでは卵をしっかりと泡立てて気泡を含ませ、ベーキングパウダーも併用してふっくらさせます。

つくり方 ⇒ p.37

ジャムなしでおいしいブルーチーズといちじくのスコーン

材料(8個分)
ブルーチーズ … 70g
ドライいちじく … 80g
A
   薄力粉 … 150g
   強力粉 … 50g
   全粒粉 … 50g
   ベーキングパウダー … 小さじ1と1/2
塩 … ひとつまみ
黒こしょう(細挽き) … 小さじ1〜1と1/2
バター … 40g
きび砂糖 … 20g
プレーンヨーグルト(無糖) … 100ml

[仕上げ用]
生クリーム(七分立て) … 適量
はちみつ … 好みで適量

つくり方

1 Aの粉類はすべて合わせてふるい、ボウルに入れる。塩、こしょうを加える。

2 バターは冷蔵庫で冷やして小さく切る。ブルーチーズも冷やしておき、手で細かくほぐす。

3 1に2のバターを加え、カードで切るようにして混ぜる(a)。バターの粒が小さくなったら、指先でバターをつぶしながら粉に混ぜ込み、さらさらの状態にする(b)。

4 きび砂糖、刻んだドライいちじくを加えて混ぜ、2のブルーチーズ、ヨーグルトを加え(c)、生地がまとまるまで混ぜ、手でひとまとめにする(d)。

5 台に打ち粉(強力粉・分量外)をし、4をめん棒で2cm厚さの円形にのばし、8等分の放射状に切る(e)。

6 オーブンシートを敷いた天板に間隔をあけて並べ、180℃のオーブンで15分ほど焼く。

7 泡立てた生クリームを添え、好みではちみつをかける。

a   b   c   d   e

ドライフルーツたっぷりの水きりヨーグルトケーキ

材料(リング型直径16cm / 1台分)
ドライプルーン(種抜き)…70g
サルタナレーズン…50g
プレーンヨーグルト(無糖)…400g
　(⇒水きり後120g)
全卵…2個
グラニュー糖…50g
オリーブオイル…大さじ4
A
　薄力粉…100g
　ベーキングパウダー…小さじ2/3
アーモンドパウダー…20g
アマレット…適量

つくり方
1　型の内側にオリーブオイル(分量外)を塗る。
2　ヨーグルトは不織布製のペーパータオルを敷いたストレーナーにあけ、冷蔵庫に入れてしっかりと水きりする。
3　ボウルに全卵を割りほぐし、グラニュー糖を加える。直に中火にかけ、ボウルを少しずつ回しながら泡立て器で混ぜる。砂糖が溶けて卵液がさらっとした状態になり、指を入れたときに温かさを感じるくらいの温度になったら火から下ろす。
4　3をハンドミキサーや泡立て器でもったりとするまで泡立てる(a)。生地をすくって落としたときに、描いた線の跡がしばらく消えずに残るくらいまでしっかりと泡立てる。
5　4に2を加えて混ぜ、オリーブオイルを細くたらしながら加えて混ぜる(b)。
6　合わせてふるったA、ストレーナーでふるったアーモンドパウダーを加え(c)、ゴムべらでむらなく混ぜる。
7　ドライプルーンは2cm角に切ってレーズンと合わせ、強力粉大さじ1程度(材料外)をまぶしてから6に加え、さっくりと混ぜる。
8　1の型に生地を流し入れ、型の底を台にとんとんと打ちつけて平らにならす。170℃のオーブンで30分ほど焼く。
9　型から出してケーキクーラーにのせ、熱いうちにアマレットを刷毛で塗る(d)。

Number
11

「アーモンド風味のしっとりとした
ガトーショコラナンシー」

　フランス、ロレーヌ地方のナンシーに、「ガトー・ショコラ・ド・ナンシー」という焼き菓子があります。シンプルながらも、好相性のチョコレートとナッツが深い味わいを漂わせ、だれからも愛されてずっとつくり継がれています。

　そのお菓子をヒントに、甘さ控えめのチョコレートケーキをつくってみました。砂糖の量は、クラシックなレシピの半分だけ。でも、チョコレートのカカオの風味にアーモンドパウダーのコクや香りを重ねることで、しっかりと厚みのある味になります。もちろん甘く仕立ててもおいしいけれど、甘さをおさえる分、素材の味が際立って、チョコレートとアーモンドの両方のおいしさが味わえます。

　テクスチャーにも特徴があります。小麦粉をわずかしか使わず、卵をたっぷり使って仕立てているため、オーブンの熱があたる表面だけがふわっとして、内側はとてもしっとり。中心にいくほど味も濃厚になります。

　おいしさの鍵は、質のよいチョコレートを使うこと。カカオ分65％以上のダークチョコレートをおすすめします。アーモンドエッセンスの強い香りも欠かせません。その香りがアーモンドパウダーの風味を高め、ひいてはカカオの味わいも高めてくれるのです。砂糖を入れずに泡立てた生クリームを添えて食べるのもおすすめです。

つくり方 ⇒ p.42

Number
12
「干し柿といちじく、グラノーラの
ダークチョコレートバー」

　カカオ分の多いダークチョコレートは、苦みが強すぎて苦手な人も多いものです。かといって、ミルクや砂糖を混ぜると、苦みはやわらいでもカカオの香りが弱まってしまいます。では、ドライフルーツを混ぜてみてはどうでしょう？　凝縮されたフルーツの甘みや酸味がカカオの苦みをやわらげ、甘やかな香りがカカオの香りを高めてくれます。それぞれを単独で食べるより、ずっとおいしくなるのです。

　つくり方はとてもかんたんです。チョコレートを溶かしてドライフルーツを練り込むだけ。食感のアクセントに、かりかりしたグラノーラも入れましょう。使うドライフルーツは、干し柿と干しいちじくがおすすめです。干し柿は深いオレンジ色が美しく、とびきりの甘さ。干しいちじくは種のぷちぷち感が楽しく、香りもあります。どちらも砂糖がなかった時代に唯一の甘みとして食べられていたのだとか。砂糖や甘味料のあふれる現代でも、変わらず魅力的な素材です。ざくざくと大きく切って混ぜ入れて、味の違いを楽しんでみてください。

　ブランデーやラム酒を混ぜると、大人っぽい味に仕上がります。甘いものが苦手な男性へのバレンタインギフトにいかがですか？

つくり方⇒p.43

アーモンド風味のしっとりとしたガトーショコラナンシー

材料（クグロフ型 直径18cm / 1台分 ）
チョコレート … 130g
バター … 130g
全卵 … 2個
卵黄 … 2個分
卵白 … 2個分
粉糖 … 50g
A
　薄力粉 … 30g
　シナモンパウダー … 小さじ2
アーモンドパウダー … 80g
アーモンドエッセンス … 3〜4滴

［仕上げ用］
ココアパウダー … 適量

つくり方

1 型の内側にバター（分量外）を塗り、冷蔵庫で冷やし固めた後、強力粉（材料外）をふって余分な粉を落とす。

2 チョコレートは刻んでボウルに入れ、バターと合わせて湯せんにかけて溶かす。

3 湯せんから外し、卵黄を1個ずつ加えて泡立て器で混ぜる。全卵も1個ずつ加え、そのつどむらなく混ぜる（**a**）。

4 アーモンドエッセンス、合わせてふるった**A**、ストレーナーでふるったアーモンドパウダーを加えて（**b**）、ゴムべらで混ぜる。

5 別のボウルに卵白を入れ、泡立て器で泡立てる。軽く泡立ってきたら粉糖を3〜4回に分けて加えながら泡立て、すくっても落ちないくらいしっかりとしたメレンゲにする。

6 **4**に**5**の1/3量ほどを加えてゴムべらで混ぜ、残りの**5**を加えてむらなく混ぜる（**c**）。

7 **1**の型に生地を流し入れ、型の底を台にとんとんと打ちつけて空気を抜き、軽くゆすって表面をならし、160℃のオーブンで40〜50分焼く。

8 型から出してケーキクーラーにのせ、粗熱がとれたら茶漉しでココアパウダーをふる。

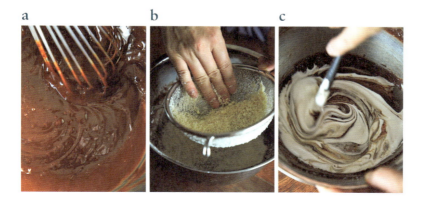

Number. 12

干し柿といちじく、グラノーラのダークチョコレートバー

材料(バット21×16.5×高さ3cm / 1枚分)
ダークチョコレート … 250g
干し柿 … 140g
ドライいちじく … 70g
グラノーラ(市販のもの) … 50g

つくり方
1　チョコレートは刻んでボウルに入れ、60〜70℃の湯で湯せんにして溶かす。
2　干し柿とドライいちじくはざく切りにし(**a**)、グラノーラとともに**1**に加えてゴムべらでざっくりと混ぜる。
3　バットにオーブンシートを敷き、**2**を入れて(**b**)ゴムべらで平らにならす。そのまま粗熱をとり、冷蔵庫で冷やし固める。
4　熱湯で温めた包丁で好みの大きさに切る(**c**)。

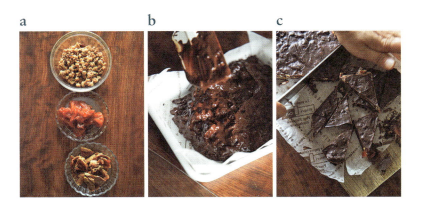

Number. **13**

フルーツよりみずみずしいフルーツゼリーテリーヌ
つくり方 ⇒ p.47

Number
13

「フルーツよりみずみずしい
フルーツゼリーテリーヌ」

　おいしいフルーツはそのまま食べてももちろんおいしいけれど、このゼリーに仕立てると、もっともっとおいしさが増します。

　そもそもゼリーのよさは、フルーツのみずみずしさが保てること。ゼリーに包まれて真空状態になり、味、香り、果汁のすべてを逃さず閉じ込めることができるのです。ゼリー液は甘さを控え、白ワインとレモン汁で軽い酸味をつけます。このほのかな甘酸っぱさが、フレッシュフルーツの甘みや香りを際立たせてくれます。

　使うフルーツは、甘みと酸味の両方あるものがおすすめです。皮ごと食べられるものも混ぜるといいでしょう。果実は皮に香りがあるからです。1種類だけでシンプルに仕立てても素敵です。

　型の底がゼリーの上の面になるので、最初の並べ方で美しさが決まります。表面がつるんと艶めくようにゼリーを薄く流し、冷やし固めてからフルーツを彩りよく並べます。きらめく宝石箱のような美しさですから、持ちよりにもぴったりです。よく冷やして保冷剤を添え、型のまま持っていきましょう。お皿にあけた途端に、みんなのうっとりしたため息が聞こえるはずです。

材料(パウンド型 17×8×高さ7.5cm / 1台分)
白桃 … 1個
ネクタリン … 2個
マスカット(皮ごと食べられる種なし)
　… 1/4房
いちご … 10粒
ラズベリー … 10粒
アメリカンチェリー … 6〜7粒
A
│ 白ワイン … 200㎖
│ 水 … 300㎖
│ グラニュー糖 … 50g
板ゼラチン … 15g
レモン汁 … 1/2個分

つくり方

1　ネクタリンはよく洗って皮つきのままくし形切りにする。桃は皮をむいてくし形切りにし、レモン汁少々(分量外)をまぶす。いちごはへたをとって縦半分に切る。アメリカンチェリーは軸をとって半分に切り、種をとり除く。板ゼラチンは水につけておく。

2　鍋に**A**を入れ、軽く沸かして砂糖を溶かす。ボウルに移し、**1**の板ゼラチンを加えて余熱で溶かす。レモン汁を加える。

3　**2**の鍋底を氷水にあて、ゴムべらで混ぜながら冷やし、ゆるくとろみがついたら氷水から外す。

4　型の内側を水でさっとぬらし、**3**のゼリー液を5mmほどの深さに流し(a)、氷水にあてて固める(以後、氷水につけたまま作業する)。固まったらフルーツを彩りよくびっしりと並べ(b)、フルーツが隠れるまでゼリー液を流し、固まるまで待つ。同じように交互に入れて型いっぱいまで満たす(c、d)。

5　冷蔵庫で2時間以上冷やし固める。

6　型を熱湯にさっとつけ、皿をかぶせて上下を返し、軽くふり下ろしてとり出す(出にくければ、周囲にパレットナイフを入れて型から離す／e)。好みの厚さに切る。

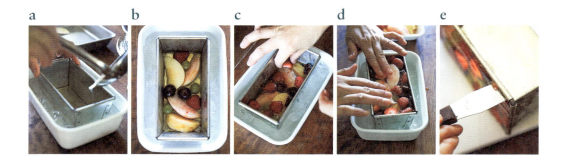

Number
14

「生チョコのような生地で巻いた
カカオロールケーキ」

　このロールケーキはご覧の通り、生地がしっとりしていて、クリームが多め。甘みの少ない濃厚なカカオ生地で、クリームのおいしさを味わうケーキです。
　クリームには、乳脂肪分45％のコクのある生クリームを使い、ブランデーをしっかりきかせました。生クリームは乳脂肪分が多いほど、ホイップしたときに重量感が増し、コクと甘みも増します。また、ブランデーはぶどうを原料とするだけあって、こっくりした甘みととびきりよい香りがあります。この濃厚なクリームを包む生地は、ふつうのロールケーキのスポンジ生地のように、ふわっと軽いタイプでは少し物足りません。小麦粉をまったく使わずに、しっとりとして、生チョコレートのように濃厚な生地を合わせてみました。砂糖はわずかしか使わず、カカオの苦みや酸味でクリームの甘みを引き立てます。
　リッチなテクスチャーのこのケーキを上手に切るこつは、十分に冷やすこと。クリームの中心まできっちり冷やすと、締まってかちっとします。温まると生地もクリームもだれて、口溶けのよさが失われてしまうので、ぜひ切りたてをめしあがってください。
つくり方⇒p.52

Number
15

「サラダ感覚でフレッシュな
トマトとグレープフルーツのゼリー」

　このゼリーのイメージは、フルーツトマトをグレープフルーツのドレッシングであえたサラダ。甘いものが苦手な方でもするっと食べられる、サラダ感覚のゼリーです。
　トマトは甘み、酸味、うまみの三拍子そろった素材ですが、デザートに仕立てるには香りが足りません。それをグレープフルーツで補うのです。グレープフルーツの香りは、オレンジともレモンとも異なる、独特のさわやかさ。甘さのなかにかすかに混ざる心地よい苦みも魅力的です。果汁をトマトゼリーに混ぜ、果肉をゼリーと交互に盛ることで、トマトとグレープフルーツはおいしさを引き立て合います。つけた甘みは、はちみつ大さじ1杯だけ。香りもうまみもあるデザートですから、強い甘みはかえって邪魔になります。
　トマトを皮ごとミキサーにかけてゼリーを仕立てるため、皮のかたいミニトマトやフルーツトマトではなく、ふつうのトマトが向いています。それをゼラチンでゆるめに固めて、スプーンですくってグラスに盛りましょう。舌にのせた途端にゼリーが溶け出します。
つくり方⇒p.53

生チョコのような生地で巻いたカカオロールケーキ

材料（長さ26cm／1本分）
ダークチョコレート（刻む）… 80g
生クリーム … 60ml
牛乳 … 80ml
卵黄 … 4個分
卵白 … 4個分
ココアパウダー… 10g
グラニュー糖 … 20g
❋ クリーム
　生クリーム … 150ml
　グラニュー糖 … 大さじ1
　ブランデー… 大さじ1

［仕上げ用］
ココアパウダー… 適量

つくり方

1　鍋に生クリームを入れて沸騰させ、火を止めてチョコレートを加えて溶かし（a）、ボウルに移す。

2　1に卵黄を1個ずつ加えて泡立て器で混ぜ、牛乳を少しずつ加えて混ぜる。ふるったココアパウダーを加えてさらに混ぜる。

3　別のボウルに卵白を入れて泡立てる。軽く泡立ってきたらグラニュー糖を3～4回に分けて加えながら泡立て、すくっても落ちないくらいしっかりとしたメレンゲにする。

4　2に3の1/3量ほどを加えてなじませるように混ぜ、残りの3を加えてゴムべらで底からさっくりと混ぜる（b）。

5　26cm角の天板にオーブンシートを敷き、生地を流す（c）。カードで平らにならし、150℃のオーブンで20分ほど焼く。天板から出してケーキクーラーにのせ、粗熱をとる。

6　クリームをつくる。ボウルに生クリームを入れて底を氷水にあて、グラニュー糖を加えて七分立てくらいにする。ブランデーを加えて混ぜる。

7　5の生地をオーブンシートを上にして台にのせ、シートをはがす。はがしたシートの上に生地を表に返してのせ、6のクリームをパレットナイフで塗り広げる。手前に4本くらいナイフで線を入れる。

8　手前のシートの裏側にめん棒をあて（d）、シートの端をめん棒に軽く巻きつけて生地を起こす。そのままシートごとめん棒を持ち上げて生地を巻く。巻いたら、めん棒を手前に引いてケーキを締める（e）。

9　ケーキをシートで包み、ゆるまないようにラップできっちりと包んで冷蔵庫で2～3時間冷やす。

10　仕上げにココアパウダーを茶漉しでふり、熱湯で包丁を温めながら、好みの厚さに切り分ける。

a　b　c　d　e

Number 15

サラダ感覚でフレッシュなトマトとグレープフルーツのゼリー

材料(つくりやすい分量)
トマト … 2個
グレープフルーツ … 1個
はちみつ … 大さじ1
板ゼラチン … 8g
水 … 100㎖

[仕上げ用]
ミント(フレッシュ) … 適量

つくり方

1　トマトはよく洗い、へたをとってざく切りにし、ミキサーに入れる。分量の水から少量をとり分けて加え(a)、ジュース状になるまで攪拌し、ボウルに移しておく。板ゼラチンは水につけておく。

2　グレープフルーツは皮をむき、薄皮と果肉の間にナイフを入れて果肉をとり出す。残った皮をぎゅっと搾って果汁80㎖をとり、足りなければさらに果汁を搾る。

3　残りの水とはちみつを鍋に合わせ、沸騰させて溶かす。火から下ろし、1の板ゼラチンを加えて余熱で溶かす。

4　1のトマトジュースに3を加えて混ぜ、ストレーナーで漉し(b)、グレープフルーツ果汁を加える(c)。

5　4のボウルの底を氷水にあて、ゴムべらで混ぜながらとろみがつくまで冷やす(d)。

6　バットなどに流し入れ、冷蔵庫で2時間以上冷やし固める。

7　6をスプーンですくい、グレープフルーツの果肉とともに器に盛り、ミントを添える。

a　　b　　c　　d

Number
16

「スライスりんごたっぷりの
甘酸っぱくて素朴なパイ」

　型を使わず、具材を生地で包みながらつくるこの素朴なパイは、りんごの甘酸っぱさが素直に味わえます。パイ生地は、18ページのふたつのパイと同じブリゼ生地。甘みがほとんどないからりんごの味がそのまま楽しめて、バターたっぷりだからコクがあって、さくっと軽快な口あたりです。

　生地とりんごの間には、アーモンドペーストを塗ってあります。こちらも、りんごの甘酸っぱさを引き立てるために甘さは控えめ。甘みを感じるギリギリの量のはちみつを使いました。りんごは、生地が焼き上がるのと同じタイミングで火が通る薄さに切ります。りんごの代わりに、洋梨やプラム、あんず、いちごやブルーベリー、バナナなどでもおいしくつくれます。

　フードプロセッサーでつくれて冷凍保存もできる便利なブリゼ生地ですが、唯一の注意点は、バターたっぷりゆえのだれやすさ。生地をのばすときは、かちかちに冷え固まったものをめん棒でたたいて手際よくのばしてください。のんびりしているとだれて扱いにくくなり、口溶けも悪くなってしまいます。

つくり方⇒p.58

Number
17

「アールグレイとレモンが香る
かぼちゃのドーナツ」

　かぼちゃは、野菜のなかでもとりわけ甘みが強く、さつまいもや栗と並ぶ人気者です。その甘みに紅茶とレモンの香りを重ねて、素材の風味が生きたドーナツをつくりましょう。
　かぼちゃ自体に甘みがあるため、砂糖の量はぐっと減らしても大丈夫。ドーナツ屋さんの甘い味に慣れている人には物足りないかもしれないけれど、茶葉ごと混ぜ込んだアールグレイとレモンの皮からあふれるさわやかな香りが、それを忘れさせてくれます。仕上げにかすかにふった粉糖も、量はわずかでも効果は絶大。微細な粉ゆえに、口にした瞬間に溶けて甘さを強く感じさせてくれます。
　かぼちゃの甘みのもとであるでんぷんには、生地をふわっとさせる働きがあり、口溶けのよいやさしいテクスチャーに仕上がります。紅茶の葉が大きいとせっかくの口溶けが台なしになってしまうので、細かくすりつぶすことをお忘れなく。味も香りも出やすくなります。ティーバッグには細かい茶葉が使われているので、それを取り出して使うと手間が省けます。
つくり方⇒p.59

Number. 16

スライスりんごたっぷりの甘酸っぱくて素朴なパイ

材料（直径約18cm / 1台分）
ブリゼ生地（⇒p.21）… 半量
りんご（紅玉）… 1個
アーモンドペースト（⇒p.20）… 全量
アーモンド（皮なし。細切り）… 適量

つくり方

1 台に打ち粉（強力粉・材料外）をし、休ませたブリゼ生地をめん棒で直径28cmくらいに丸くのばす。ふちから5cmほど内側にアーモンドペーストを塗る（**a**）。

2 りんごは半割りにして芯をとり除き、横向きにごく薄切りにする（**b**）。トランプカードのように扇形にずらし、ペーストの上にぐるりと並べる（**c**）。

3 まわりの生地をりんごの上に折り返し（**d**）、アーモンドを散らす。

4 190℃のオーブンで25〜30分焼く。ケーキクーラーにのせて粗熱をとり、好みの大きさに切り分ける。

アールグレイとレモンが香るかぼちゃのドーナツ

材料（12個分）
かぼちゃ… 1/8個（正味130g）
紅茶の茶葉（アールグレイ）… 大さじ2
レモンの皮（国産。すりおろす）… 1個分
全卵… 1個
牛乳… 大さじ2
溶かしバター… 30g
A
  薄力粉… 180g
  ベーキングパウダー… 小さじ2
きび砂糖… 50g
塩… ひとつまみ
揚げ油… 適量

［仕上げ用］
レモンの皮、粉糖… 各適量

つくり方

1 かぼちゃは種とわたをとって皮をむき、ひと口大に切る。やわらかくゆでて湯をきり、再び鍋に入れて火にかけ、水気を飛ばす。フォークや木べらでマッシュする。

2 紅茶の茶葉は厚手のポリ袋に入れ、上からめん棒を転がして細かくすりつぶす（a）。

3 ボウルに全卵を溶きほぐし、きび砂糖と塩、牛乳、**2**、レモンの皮（b）、溶かしバターを加えて泡立て器で混ぜる。

4 合わせてふるった**A**を**3**に加え、ゴムべらでさっくりと混ぜ、**1**も加えて混ぜる（c）。ひとまとめにしてラップに包み、冷蔵庫で30分〜1時間休ませる。

5 台に打ち粉（強力粉・材料外）をし、**4**をめん棒で1.5cm厚さに丸くのばす。放射状に12等分にして（d）、それぞれをボール状に丸める。170℃の揚げ油できつね色になるまで揚げ、油をきる。

6 熱いうちにレモンの皮をおろしかけ、粉糖をうっすらとふる。

Number
18

「白桃のメープルコンポート、いちじくのはちみつコンポート」

　いちじくや桃は、コンポートに仕立てるとシロップをたっぷり吸い込みます。持ち上げるとぽたぽたと滴り落ちるほど。口に含むと、ぽてっ、うるっとしたとびきりのジューシー感が味わえます。

　砂糖のニュートラルな甘さでシロップを仕立てるなら、しっかり甘くしたほうがおいしく仕上がりますが、甘さ控えめに仕立てるなら、砂糖ではなく、フルーツに寄り添うナチュラルな甘みのはちみつやメープルシロップがおすすめです。はちみつは甘みの余韻が長く続き、花のような香りがしていちじくによく合います。また、メープルシロップにはキャラメルにも似た香ばしいコクがあり、桃の香りを高めてくれます。

　シロップには、レモン汁に加え、白ワインやホワイトバルサミコ酢を混ぜています。酸の作用でフルーツの変色をおさえ、軽やかな酸味が甘みに輪郭を与えてくれるからです。ワインもバルサミコ酢もぶどうが原料なので、フルーツと相性抜群。フルーツのエッセンスが溶け出した美しい色合いのシロップは、うれしいおまけです。炭酸やスパークリングワインで割ったり、ベリーニ風に白ワインで割ったり、何通りにも楽しめます。

つくり方 ⇒ p.64

Number 19

「こしょうのスパイシーグラニテ、ミントミルクティーのグラニテ」

　暑くなると食べたくなるのが、氷のデザート、グラニテです。紅茶を煮出した濃いミルクティーでつくるグラニテは、甘さ控えめに仕立てても、ミルクのコクや甘みのおかげで、使った砂糖の量以上に甘く感じます。そこにフレッシュミントを加えることで、後味がさっぱりとして、次のひと口がまたおいしくなるのです。紅茶の種類で味わいも変化します。アールグレイのようなフレーバーティーもよし、アッサムやウバで茶葉の風味を楽しむもよし。茶葉は、ミルクで直接煮出すと葉が開かず、風味を抽出しきれないので、お湯で煮出した後にミルクを加えてください。

　こってりした料理の後の口直しにいただくなら、こしょうのグラニテはいかがでしょう。味のベースは、砂糖の甘さに白ワインとライム果汁のきれのよい酸味を重ねた甘酸っぱさ。そこに黒、ピンク、グリーンの3種類のこしょうを混ぜます。黒こしょうはぴりっと辛くてパンチがあり、ピンクはベリーのような香り、グリーンは青山椒のような清涼感があり、かむと3つの香りと辛みがスパーク！　こしょうはつぶすほど辛みが強く出るので、ごく軽くつぶすのがポイントです。辛いのが苦手なら、黒こしょうを白こしょうに替えてもよいでしょう。

つくり方 ⇒ p.65

白桃のメープルコンポート

材料（つくりやすい分量）
白桃 … 6個
メープルシロップ … 180㎖
レモン汁 … 1個分
ホワイトバルサミコ酢 … 小さじ1
水 … 2カップ

つくり方
1 　桃は割れ目のところに軽く包丁で切り目を入れ、熱湯に10秒ほどくぐらせて冷水にとる。切り目から皮をつまんでつるんときれいにむき（a）、皮はとっておく。ほうろう鍋に並べ入れ、レモン汁をまわしかける。
2 　1の鍋に水、メープルシロップ、桃の皮を入れ（b）、中火にかける。沸騰してアクが出てきたらとり除き、弱火にする。さらしやガーゼで落としぶたをして（c）、20～30分煮る。
3 　仕上げにホワイトバルサミコ酢を加えて火を止め、そのまま粗熱をとり、冷蔵庫で冷やす。
4 　器に盛って煮汁をかける。

a　　　　　　b　　　　　　c

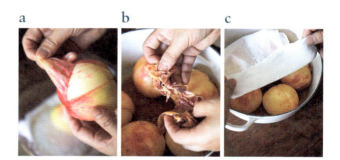

いちじくのはちみつコンポート

材料（つくりやすい分量）
いちじく … 8～10個
はちみつ … 100g
水、白ワイン … 各1カップ
レモン汁 … 1/2個分

つくり方
1 　いちじくは熱湯にさっとくぐらせて冷水にとり、皮をむく。
2 　ほうろう鍋に水とはちみつを入れ、沸かして溶かす。白ワインとレモン汁を加え、1を並べ入れる。さらしやガーゼで落としぶたをして、弱火で15分ほど煮る。
3 　火を止めてそのまま粗熱をとり、冷蔵庫で冷やす。
4 　器に盛って煮汁をかける。

こしょうのスパイシーグラニテ

材料（つくりやすい分量）
黒こしょう … 大さじ2
ピンクペッパー … 大さじ2
グリーンペッパー … 大さじ2
水 … 2カップ
白ワイン … 1カップ
ライム果汁 … 2個分
グラニュー糖 … 60g

つくり方
1 　黒こしょうは好みで軽くつぶす。ピンクペッパー、グリーンペッパーは軽くつぶす。
2 　鍋に水、白ワイン、1を入れて火にかける。沸騰したら弱火にして10分ほど沸かし続ける。火を止めてふたをして10分ほど蒸らす。
3 　グラニュー糖を加えて溶かし、ライム果汁を加えて混ぜる。
4 　バットに漉し入れ（残ったこしょうは飾りに使う）、粗熱がとれたら冷凍庫に入れる。およそ1時間後にスプーンで全体をかき混ぜ、さらに1時間ほど凍らせる。
5 　スプーンでかき砕いて器に盛り、漉しとったこしょうを飾る。

ミントミルクティーのグラニテ

材料（つくりやすい分量）
ミント（フレッシュ）… ひとつかみ
紅茶の茶葉（アールグレイやアッサムなど
　好みのもの）… 大さじ1
牛乳 … 300mℓ
水 … 50mℓ
グラニュー糖 … 50g

つくり方
1 　鍋に水を入れて沸騰させ、紅茶の茶葉とミントを加えて火を止める（a）。ふたをして10分ほど蒸らし、しっかりと香りを出す。
2 　牛乳を加え（b）、軽く温め、グラニュー糖を加えて溶かす。
3 　バットに漉し入れ、粗熱がとれたら冷凍庫に入れる。およそ1時間後にスプーンで全体をかき混ぜ、さらに1〜2時間凍らせる。
4 　スプーンでかき砕いて器に盛り、好みでミント（分量外）を飾る。

Number
20

「コーヒー風味のばりっとした
モカシュークリーム」

　このシュークリームに詰めたモカクリームには、ふつうのカスタードクリームの3割しか砂糖を使っていません。それでもおいしく感じるのは、"甘み"とは相反する"苦み"をもつコーヒーで、ほろ苦く仕立てているからです。

　コーヒーの苦みや香りには、甘みを際立たせる力があり、お菓子づくりの最高のスパイスになります。ただし、味にパンチがありますから、受け止める側のクリームのボディーをリッチにする必要があります。このモカクリームは、卵黄が多めのカスタードクリームに、生クリームとラム酒を混ぜてコクと香りを高めてあります。シュー生地に混ぜ入れた塩もまた、甘みを引き出す優れた素材です。その効果で、生クリームやラム酒のナチュラルな甘みさえ浮き立ってきます。

　ぷくっと大きく膨らむシューづくりのこつは、かたすぎず、やわらかすぎずの、生地の混ぜ上がりの見きわめにあります。へらで持ち上げたときに、逆三角形になりながらぽたっと落ちるくらいの状態を目指しましょう。このシューは、ふんわりやわらかなタイプではなく、強力粉入りの、ばりっとかためのタイプですから、小ぶりに焼いて、クリームをはみ出すくらいにたっぷりと詰めるのがおいしいバランスです。

つくり方 ⇒ p.68

コーヒー風味のばりっとしたモカシュークリーム

材料（約23個分）
[モカシュー]
コーヒー豆（細挽き）… 小さじ1
A
| 牛乳 … 60㎖
| 水 … 60㎖
| バター … 60g
| 塩 … 3g
| グラニュー糖 … 小さじ1
B
| 薄力粉 … 40g
| 強力粉 … 30g
全卵 … 2〜3個

[モカシューをつくる]

1 鍋に**A**を入れて火にかける。沸騰してバターがすべて溶けたら、合わせてふるった**B**を一気に加える。木べらで混ぜながら中火で熱し、生地がひとまとまりになり、鍋底に薄く生地の膜がはるくらいになったら（a）、ボウルにとり出す。

2 全卵はよく溶きほぐし、**1**に少しずつ加えながら木べらで混ぜ込んでいく（b）。生地をへらで持ち上げたときに、逆三角形をつくりながらぽたっと落ちるくらいのかたさになったら（c）、卵液を加えるのをやめる。挽いたコーヒーを加えてむらなく混ぜる。

3 丸口金をつけた絞り出し袋に入れ、オーブンシートを敷いた天板に直径2cmくらいに丸く絞り出す（d）。

4 フォークの背に残った卵液をつけ、生地を軽く押さえる（e）。

5 190℃のオーブンで15分焼き、膨らんで焼き色がついてきたら180℃に下げて15〜20分、割れ目にもしっかりと焼き色がつくまで焼く。ケーキクーラーにのせて粗熱をとる。

a b c d e

材料

[モカカスタード]
インスタントコーヒー(顆粒) … 大さじ1
熱湯 … 小さじ1
牛乳 … 500㎖
バニラビーンズ … 1本
卵黄 … 6個分
グラニュー糖 … 50g
薄力粉 … 50g
バター … 30g
ラム酒 … 大さじ1
生クリーム … 80㎖

[仕上げ用]
コーヒー豆(細挽き) … 少々

[モカカスタードをつくる]

6　鍋に牛乳、縦に切り目を入れて裂いたバニラビーンズを入れて火にかける。沸騰直前に火を止め、バニラのさやから種子をしごき出して牛乳に戻し、さやは除く。

7　ボウルに卵黄をほぐし、グラニュー糖を加えて白っぽくなるまで泡立て器ですり混ぜる(f)。ふるった薄力粉を加えて混ぜ、6を少しずつ加えてむらなく混ぜ(g)、漉して鍋に戻す。

8　中火にかけ、たえずへらで混ぜながらとろみが出るまで煮立て、つやが出てきてしっかり火が通ったらバットにとり出す。薄く広げ、表面にラップを密着させて粗熱をとる。

9　ボウルに移し、泡立て器でなめらかにほぐす。室温でやわらかくしたバターを加えて混ぜ、ラム酒、熱湯で溶いたコーヒーを加え(h)、ゴムべらで混ぜる。生クリームを八分立てにして加え、むらなく混ぜる。

[仕上げる]

10　5のモカシューを水平に半分に切る(i)。モカカスタードを星口金をつけた絞り袋に入れ、シューの下半分に丸く絞る(j)。上半分でふたをし、細挽きコーヒーを茶漉しでうっすらとふる。

Number
21

「ブランデーが香る
苦いキャラメルと黒糖のプリン」

　キャラメルは、焦がすほどに甘みが減って、苦みが増し、しっかりと焦がすと風味が増します。この苦いキャラメルをいちばんおいしく味わえるお菓子がプリンだと思うのです。
　苦みのあるキャラメルづくりには、精製された純粋な糖であるグラニュー糖が適しています。きりっと苦くて濃い味の、美しい琥珀色のキャラメルに仕上がります。
　一方、プリンには黒糖とブランデーを使いました。黒糖は、さとうきびの搾り汁を煮詰めたもので、未精製であるがゆえの雑味があり、かすかな塩気や酸味、そして香ばしさもあります。色も含めてキャラメルと共通点があり、キャラメルの甘苦さを後押ししてくれます。両方の相乗効果で味に厚みが出るため、黒糖の量は少なめでもおいしく仕上がります。
　このプリンをおいしく味わう秘訣は、1日ねかせること。すべての味がしっくりなじんでおいしさが増すのです。ひとさじ口に運ぶと、甘苦い味とともに、ブランデーの深い香りがひろがります。
つくり方 ⇒ p.74

Number
22

「抹茶とナッツのキッフェルン、
きなこと和三盆のキッフェルン」

　キッフェルンは、ドイツやオーストリアに古くから伝わる焼き菓子です。「三日月」を意味する名前の通り、三日月形がトレードマーク。さくっ、ほろっと崩れるように砕けて、舌の上でみるみる溶けていくテクスチャーが魅力です。この特徴ある食感は、卵を使わず、コーンスターチとアーモンドパウダーをたっぷり使うことで生まれます。

　粉糖をびっしりとまぶして仕上げるのが定番のスタイルですが、粉糖はその微細さゆえに、舌に触れた途端に溶けて甘みが強くなりすぎます。そこで、量を控えめにして生地の風味をしっかり味わえるレシピを考えてみました。

　風味づくりで大切なのは、粉糖と同じくらい細かい粉を使って口溶けのレベルをそろえることです。緑色の丸いほうには抹茶を使い、アクセントにくるみを練り込みました。三日月形のほうは、和三盆ときなこの風味。和三盆は、コクがあるのに後味がすっきりと涼やかで、上品な甘さに仕上がります。

　どちらも和の素材を使用しているので、ほうじ茶や煎茶との相性が抜群ですが、ブラックコーヒーにもとてもよく合います。

つくり方 ⇒ p.75

ブランデーが香る苦いキャラメルと黒糖のプリン

材料（丸マンケ型 直径18cm / 1台分）

全卵 … 3個
卵黄 … 2個分
黒糖（細かいタイプ）… 50g
牛乳 … 500㎖
ブランデー… 小さじ2
✿ キャラメル
　グラニュー糖 … 60g
　水 … 小さじ2
　熱湯 … 大さじ1と½

つくり方

1 型の内側の側面にバター（材料外）を薄く塗る。

2 キャラメルをつくる。鍋にグラニュー糖と水を入れて火にかける。まわりが焦げてきたら、鍋をゆすりながら全体をむらなく焦がしていく。濃い茶色になってきたら、火から下ろして鍋をゆすりながら、黒っぽい色になるまで焦がす(a)。熱湯を加えて鍋をゆすりながら、**1**の型に素早く流し(b)、冷まして固める。

3 ボウルに全卵と卵黄を入れて溶きほぐし、黒糖を加え(c)、泡立て器でしっかりと混ぜる。

4 鍋に牛乳を入れて沸騰直前まで温める。

5 **3**に**4**を少しずつ加えながら泡立て器で混ぜ(d)、目の細かい漉し器で漉す(e)。ブランデーを加えて混ぜる。

6 泡の浮いた液面に、ペーパータオルをさっとのせ、すぐに外して泡をとり除き(f)、**2**の型に流し入れる。

7 天板に型よりひと回り大きいバットを置き、**6**をのせる。バットに熱湯を型の⅓の高さまで注ぎ(g)、140℃のオーブンで40～50分湯せん焼きにする。

8 湯せんから外して粗熱をとり、冷蔵庫に3時間以上入れて十分に冷やす。

9 型に皿をかぶせて上下を返し、軽くふり下ろしてとり出す。好みの大きさに切り分ける。

抹茶とナッツのキッフェルン

材料（25〜30個分）
抹茶（粉末）… 小さじ1
くるみ … 50g　　粉糖 … 20g
薄力粉 … 50g　　バター … 90g
コーンスターチ … 50g
アーモンドパウダー … 50g

［仕上げ用］
粉糖、抹茶 … 各適量

つくり方
1　くるみは天板に広げて170℃のオーブンで10分焼き、スイッチを切った庫内に冷めるまで放置する。むける皮はむき、粗く刻む。
2　バターは室温でやわらかくしてボウルに入れ、粉糖を加えて泡立て器でしっかりとすり混ぜる。
3　薄力粉、抹茶、コーンスターチは合わせて**2**にふるい入れ、ストレーナーでふるったアーモンドパウダーも加え、ゴムべらで生地がひとつにまとまるまで混ぜる。
4　**1**を加えて混ぜる。
5　手に薄力粉（分量外）をつけて生地を直径1.5cm大に丸め、オーブンシートを敷いた天板に間隔をあけて並べる。160℃のオーブンで20分ほど焼く。
6　バットに粉糖と抹茶を合わせ、焼きたての**5**を入れて全体にまぶし、とり出して粗熱をとる。

きなこと和三盆のキッフェルン

材料（40〜45個分）
きなこ … 10g　　和三盆 … 20g
薄力粉 … 50g　　バター … 90g
コーンスターチ … 50g
アーモンドパウダー … 50g

［仕上げ用］
和三盆、きなこ … 各適量

つくり方
1　バターは室温でやわらかくしてボウルに入れ、和三盆を加えて泡立て器でしっかりとすり混ぜる。
2　薄力粉とコーンスターチを合わせてふるい入れ、きなこ、ストレーナーでふるったアーモンドパウダーも加え、ゴムべらで生地がひとつにまとまるまで混ぜる。
3　手に薄力粉（分量外）をつけ、生地を両端が細い3〜4cm長さの棒状にし、三日月形に曲げる。オーブンシートを敷いた天板に間隔をあけて並べ、160℃のオーブンで20分ほど焼く。
4　バットに和三盆ときなこを合わせ、焼きたての**3**を入れて全体にまぶし、とり出して粗熱をとる。

Number

23

「コーヒー小豆をのせた豆花 しょうがのシロップで」

　豆花（トウファ）は、台湾の豆腐スイーツです。豆腐といっても、日本のものとはテクスチャーが違って、すぐに崩れるようなやわらかさです。これをざっくりすくって器に盛り、好みのトッピングをのせ、シロップをかけていただきます。トッピングは、フルーツ、タピオカ、緑豆や小豆の甘煮、白きくらげやはと麦のシロップ煮、ナッツ、かき氷など、目移りするほど種類豊富です。薬膳のような素材使いと、うっすら甘いシロップの組み合わせが体にやさしく、元気のないときでもするっと食べられます。

　これを家庭で再現できるように、台湾風の豆腐をつくってみました。にがりで固めるのはハードルが高いので、コーンスターチで豆乳に軽くとろみをつけ、それを寒天で固めます。この方法ならだれでもつくれるし、やわらかく仕上がります。

　トッピングは、定番のはと麦とピーナッツ、そしてコーヒーで煮た小豆の甘煮をのせました。コーヒーのほろ苦さは、意外なくらい小豆によく合い、絶妙なアクセントになります。シロップは、しょうがをしっかりきかせた薄甘いもの。きび砂糖で仕立てているので、甘みが少なくてもコクがあります。

つくり方 ⇒ p.80

Number
24

「香り高い抹茶寒天と黒豆のみつ豆
淡い甘みのシロップで」

　みつ豆は、和風甘味の代表選手。つるんとした寒天にフルーツや赤えんどう豆を添えて、しっかり甘い白蜜や黒蜜をかけるのが定番のスタイルですが、寒天のおいしさをシンプルに味わうなら、赤えんどう豆と寒天だけの「豆かん」がおすすめです。でも、赤えんどう豆は手に入りにくく、あったとしても煮るのにかなり手間がかかります。そこで、おいしい市販品のそろっている黒豆の蜜煮を使うことにしました。おせち料理で食べきれなかった分を使うこともできます。塩味の赤えんどう豆と違って甘みが強いので、シロップの甘さを控え、黒豆の甘さで味わう趣向です。

　主役の寒天は、甘みのまったくない抹茶味。茶道の薄茶のような味わいです。つるんとした口あたりが身上ですから、しっかりと煮て寒天を完全に溶かすことが何より大切です。また、抹茶は熱湯で溶かないと香りが立ちませんが、決して寒天液の中に直接加えないように。加熱し続けると色も香りも飛んでしまいます。棒寒天を使うと、粉寒天より透明感が増して抹茶の色が冴え、漆黒の黒豆とのコントラストで緑が映えます。よく冷やして、淡い甘みのシロップをかけていただきましょう。

つくり方 ⇒ p.81

コーヒー小豆をのせた豆花　しょうがのシロップで

材料（つくりやすい分量）
無調整豆乳（濃いタイプ）… 2カップ
水 … 500㎖
コーンスターチ … 大さじ1
粉寒天 … 3g
❋ しょうがシロップ
　しょうが … 大1かけ
　きび砂糖 … 60g
　水 … 2カップ
コーヒー風味の煮小豆（下記）… 適量
はと麦、ピーナッツ … 各適量

つくり方
1　ボウルにコーンスターチと水を入れて泡立て器でよく混ぜる。豆乳を加えて混ぜ、粉寒天も加えて混ぜる。
2　鍋に移し(a)、中火にかける。沸騰したら弱火にし、3分ほどかけて寒天を完全に溶かす(b)。
3　目の細かい漉し器で漉してボウルに入れ、粗熱をとり、冷蔵庫で冷やし固める。
4　しょうがシロップをつくる。しょうがは皮つきのまま薄切りにする。材料をすべて鍋に合わせて沸騰させ、弱火にして4〜5分煮る。火を止めてふたをして蒸らす。
5　はと麦とピーナッツは、それぞれやわらかくゆでる。
6　3をスプーンなどで大きくすくって、器に盛る。コーヒー風味の煮小豆と5をトッピングし、4のシロップを注ぐ。

コーヒー風味の煮小豆

材料（つくりやすい分量）
小豆（乾物）… 300g
ブラックコーヒー（好みの濃さ）… 約500㎖
グラニュー糖 … 好みで100〜150g

つくり方
1　小豆はさっと水洗いして水に浸す。ほこりなどが浮かんできたらとり除く。
2　小豆を鍋に移し、新たな水をひたひたに加えて火にかける。沸騰したら差し水をし、4〜5分煮て、豆の皮がピンとのびてきたらゆでこぼす。
3　さっと水洗いして鍋に戻し、コーヒーを加える。ひたひたにならなければ水を足す。火にかけていったん沸騰させ、その後弱火にして40〜50分煮る。
4　グラニュー糖を加えて木べらで混ぜ、さらに5分ほど煮る。煮上がりは、煮汁が残ってさらさらした状態。煮詰まりすぎていたら、コーヒーか水を足す。

Number. 24

香り高い抹茶寒天と黒豆のみつ豆　淡い甘みのシロップで

材料(流し缶 14×11×高さ4.5cm / 1台分)
抹茶 … 大さじ1と½
棒寒天 … 1本 (9g)
水 … 700㎖
黒豆の蜜煮 (市販のもの) … 適量
❋ シロップ
| 水 … 2カップ
| グラニュー糖 … 50g

つくり方
1　寒天はたっぷりの水に3時間からひと晩つけてもどす。
2　鍋に水を入れて沸騰させる。そのうち大さじ4ほどを、ふるった抹茶に少しずつ加えて溶く。
3　もどした寒天の水気をしっかり絞り、湯の入った**2**の鍋にちぎり入れる。沸騰状態を保って木べらで混ぜながら完全に溶かす(a)。
4　**3**を目の細かい漉し器で漉してボウルに入れ、**2**の抹茶を加えて混ぜる(b)。
5　水でさっとぬらした流し缶に流し入れ、粗熱をとり、冷蔵庫で冷やし固める。
6　シロップの材料を鍋に入れて沸騰させ、砂糖が溶けたら粗熱をとり、冷蔵庫で十分に冷やす。
7　**5**を型から出してさいの目に切る。黒豆の蜜煮とともに器に盛り、**6**のシロップをかける。

Number
25

「オートミールとほうじ茶の
ざくざくしたカントリークッキー」

　オートミールクッキーはアメリカの定番菓子で、デリのレジ脇やカフェのショーケースに必ず置いてあります。ざくざくとしたテクスチャーが楽しく、型抜きせずに、手で無造作にまとめる素朴な風合いも魅力的。とびきり甘くて、分厚く大きく焼くという特徴もあります。

　そんなアメリカンクッキーには、甘さゆえの罪悪感がつきまとうものです。このおいしさを罪悪感なく味わえたら——そう願う方のために、砂糖の量を半分に減らしたレシピを考えてみました。甘さ控えめでも物足りなさを感じないよう、レーズンでナチュラルな甘みを補い、ほうじ茶の茶葉でほろ苦いお茶の風味を重ねて甘みを引き立てるのです。さらに、ビターな板チョコをばりばり割って練り込み、味にメリハリをつけると同時に、油脂分を与えてぱさつきをおさえます。ベーキングパウダーも欠かせません。ほんの少量加えるだけで生地の口あたりが軽くなり、オートミールのざくざく感が生きてきます。

　小ぶりに焼くと、さらに罪悪感が減ります。コーヒーブレイクのお供にどうぞ。
つくり方 ⇒ p.86

Number
26

「酒かすとキャラメルミルクの
ほろ苦いフレンチトースト」

　フレンチトーストは、卵を牛乳で溶いてパンを浸し、バターで焼き上げてつくります。パンを主食とする国々にいろいろなレシピがあり、朝ごはんに食べたり、甘く仕上げておやつやデザートにしたりと、味わい方もさまざまです。

　ここで紹介するのは、デザートとしてのフレンチトースト。酒かすとキャラメルという濃厚な味わいどうしの組み合わせだから、小ぶりな食パンで仕立てます。酒かすは、日本酒を絞った後のかすで、お米と糀由来の、体にすんなりなじむ甘みが特徴です。うまみもコクもあり、卵のような強い素材と合わせても甘みが隠れません。キャラメルは、甘苦く焦がして牛乳で溶きのばし、キャラメルミルクにして卵と合わせます。こんなふうに、甘みだけでなく、うまみ、苦み、香りもあわせもつ素材を組み合わせると、味が底上げされておいしさが深まります。

　このデザートは、お皿に盛ってクリームをのせ、シナモンやはちみつ、黒糖をかけてはじめて味が完成します。はちみつと黒糖の量は、酒かすとキャラメルの甘さを引き出す程度の、ごく少量がベストです。

つくり方 ⇒ p.87

Number 25

オートミールとほうじ茶のざくざくしたカントリークッキー

材料（約14個分）
オートミール … 60g
ほうじ茶（茶葉）… 大さじ2
バター … 120g
きび砂糖 … 40g
全卵 … 1個
A
　薄力粉 … 200g
　ベーキングパウダー … 小さじ½
塩 … ひとつまみ
レーズン … 40g
ビターチョコレート … 60g

つくり方

1　バターは室温でやわらかくしてボウルに入れ、きび砂糖を加える。ゴムべらで練り混ぜた後、白っぽくなるまで泡立て器でしっかりとすり混ぜる。

2　ほうじ茶は厚手のポリ袋に入れ、上からめん棒を転がして細かくすりつぶす。

3　1に溶いた全卵を少しずつ加え（a）、泡立て器でむらなく混ぜる。

4　3に合わせてふるったA、塩、2を加え（b）、ゴムべらで混ぜる。オートミール、レーズン、粗く割ったチョコレートを加え（c）、さらに混ぜる。

5　オーブンシートを敷いた天板に、スープスプーンで生地をすくってひとかたまりずつ落とす。水でぬらしたスプーンの背で表面を平らにならしつつ、直径6cmほどに広げる（d）。

6　170℃のオーブンで20分ほど焼く。ケーキクーラーにのせて粗熱をとる。

酒かすとキャラメルミルクのほろ苦いフレンチトースト

Number. 26

材料(4枚分)
小さな山形食パン(2cm厚さのスライス)
　… 4枚
酒かす … 50g
全卵 … 2個
生クリーム … 50mℓ
❋ キャラメルミルク
　グラニュー糖 … 50g
　水 … 小さじ1 + 大さじ2
　牛乳 … 150mℓ
バター … 大さじ2

[仕上げ用]
生クリーム(八分立て) … 適量
はちみつ、黒糖、シナモンパウダー … 各適量

つくり方

1　キャラメルミルクをつくる。鍋にグラニュー糖と水小さじ1を入れて火にかけ、全体が茶色くなるまで鍋をゆすりながら焦がす。火を止め、水大さじ2を加えて温度を下げる。少し粗熱がとれたところに牛乳を加えて火にかけ、木べらで混ぜてキャラメルを溶かし、粗熱をとる。

2　ボウルに酒かすを入れ、**1**を少量ずつ加えてゴムべらでなじませる(**a**)。混ざってきたら泡立て器に替える(**b**)。全卵をほぐして少しずつ加えて混ぜ、生クリームも混ぜる。

3　バットに食パンを並べ、**2**をまわしかける。冷蔵庫に入れ、途中で返しながら2時間以上おく(**c**)。

4　フライパンにバターを中火で熱し、**3**を並べ入れる。両面とも焼き色がつくまで焼く(**d**)。

5　器に盛り、泡立てた生クリームを添え、はちみつ、黒糖、シナモンをふる。

a　　　b　　　c　　　d

複雑で奥深いお菓子の"甘み"

"甘み"は、お菓子に欠くことのできない大切な要素です。"甘み"とひとくくりにしがちですが、甘みにはさまざまなタイプ、働きがあり、複雑で奥深いのです。

砂糖は甘みを代表する素材であり、純粋な甘みのグラニュー糖、まろやかなきび砂糖、雑味も含めて味わいの濃い黒糖など、種類はさまざま。はちみつやメープルシロップ、ドライフルーツなども、だれもが甘いと感じる素材でしょう。それぞれ表情の異なる甘みをもち、甘み以外の風味もあわせもち、甘みを引き立てる働きもします。また、一般的には甘い素材と認識されていないバター、生クリーム、ナッツなどにも、ミルキーな甘みやコクのある甘みが感じられます。こうしたさまざまな甘みが重なり合って、お菓子の甘さはつくられているのです。

甘みは、まったく反対の風味によって、その存在に光を与えられることも多いものです。たとえば、カカオやコーヒーの苦みは、甘みとは真逆なものですが、苦みがあることで甘みがいっそう際立ち、よりおいしく感じられます。柑橘類やヨーグルトの酸味、チーズの塩気、スパイスやハーブのフレッシュな香りにも、同じ効果があります。このようなまったく異質な風味の力で甘みは輝きを得て、その結果、お菓子はおいしくなるのです。これはつまり、異質な風味を上手に利用すれば、最小限の甘みでもお菓子はおいしくなるということでもあります。

とかく悪者視されがちな砂糖ですが、実は甘み以外の面でも、お菓子に役立っています。卵白が泡立つのも、お菓子がきれいな焼き色に色づくのも、生地がふんわりするのも、しっとりと水分を保つのも、キャラメルが香ばしく焦げるのも、みんな"糖"のおかげです。また、砂糖には本来、素材の風味を引き出す調味料としての力が備わっています。ですから、こうした役割を無視して糖分をごっそりそぎ落とすと、食べる気も起こらないような残念な形状のお菓子になってしまったり、食べても素材の味が感じられない味気ないお菓子になってしまいます。一定量の砂糖が必ず必要であることを知ったうえで、砂糖の力に頼らない、満足感のあるおいしいお菓子をつくりましょう。

甘い材料

お菓子に甘みをつけるさまざまな糖類。種類によって甘みの強さや風味が異なります。
お菓子に合わせて選びましょう。

グラニュー糖
砂糖の中で最も精製度が高く、純白の細かい結晶粒。雑味やクセのないすっきりした甘みが特徴で、お菓子づくりの定番の砂糖。粒が溶けにくいので、クッキー生地に混ぜ込んで焼くと、ざっくりした食感に仕上がる。

粉糖
グラニュー糖などの精製度の高い砂糖をパウダー状に粉砕したもの。とても溶けやすく、お菓子の表面にふると舌に触れた瞬間に溶けて甘みを強く感じさせる。焼き菓子の生地をさくさくと口溶けよくする効果も。

きび砂糖
さとうきびの搾り汁を軽く精製して煮詰めてつくる。黒糖ほどではないが、わずかにミネラルが残っているのでやわらかなコクがある。お菓子をまろやかな甘みに仕上げたいときに便利。

黒糖
さとうきびの搾り汁を精製せずに煮詰めてつくる。ミネラルが多く残っているためコクがあり、甘みに加えてかすかに塩気や酸味があり、香ばしい。水分を含むと焦げ茶色になり、生地やシロップが茶色っぽく色づく。

和三盆
原料は黒糖と同様にさとうきび。その蜜を搾ったりこねたりして適度に精製してつくる。淡黄色のしっとりとしたパウダー状で、かすかにコクのある上品な甘さ。舌にのせるとすっと溶け、後味はすっきりときれがよい。

メープルシロップ／はちみつ
メープルシロップの原料はカエデ類の樹液。甘みだけでなくキャラメルのような香ばしいコクがある。はちみつは香りがよく、お菓子をしっとりさせる効果が。クセのないレンゲ、アカシア、百花蜜などが使いやすい。

甘みを引き立てる材料

砂糖の甘みを引き立てたり支えたりする材料たち。
その苦み、コク、酸味、香りなどが、お菓子の風味を豊かにします。

チョコレート
ミルクチョコレートはカカオの風味が控えめで甘みは強め。ビター、ブラックとカカオ分が高くなるほど苦みが増して甘みが減る。カカオの風味をきかせたいときは65％以上のものを。小さなタブレットタイプは刻む必要がなく便利。

ナッツ
ナッツの主成分は植物油。まったりとしたコクがあるのはそのため。アーモンド、くるみ、ピスタチオ、マカダミアナッツなどはローストすると香りも味も深まる。パウダータイプは生地全体に広がって風味を底上げする。

フルーツ
柑橘類やりんごは、さわやかな酸味や香りで甘みを引き立てる。オレンジやレモンは果汁と皮のダブル使いが効果的。レモンは国産がおすすめ。ワックスが気になるときは塩をまぶしてこすり、水洗いするとよい。

ドライフルーツ
乾燥によって凝縮された濃い甘みが、お菓子の風味づけに役立つ。色のきれいな干し柿、ぶつぶつした種の食感が楽しい干しいちじく、甘酸っぱいレーズンなど、異なる個性を組み合わせると表情豊かなお菓子になる。

スパイス
スパイスは味も香りも強く、香りの持続性に優れる。ホールのまま使うと、かむと一気に香りがはじける。甘い香りのカルダモン、コリアンダー、フェンネル、青々しいさわやかな香りの緑こしょうなどがおすすめ。

フレッシュハーブ
ローズマリー、セージ、ミントなどのフレッシュハーブは、お菓子に別次元の素晴らしい香りをもたらす。そのまま添えたり、熱を加えて香りを引き出したり、バターやシロップに香りを移したりして使う。

基本の材料

お菓子づくりに欠かせない卵、小麦粉、バターなどの乳製品。
味の土台や生地の骨格をつくる、基礎となる素材です。

1_卵
本書で使用したのはMSサイズ（52〜58g）。卵には泡立つ性質と熱で固まる性質があり、両方の性質を利用して、"ふんわり""ぷるん"など独特のテクスチャーをつくる。卵黄には油脂と水分を分離させずに混ぜる（乳化させる）働きがあり、その濃厚な風味はお菓子の味の土台となる。

2_バター
本書では食塩不使用バターを使用。バターの成分の8割は脂肪。それがお菓子の重厚なコクと口溶けのなめらかさを生む。発酵バターは、乳酸発酵させたクリームからつくられ、かすかな酸味や甘み、うまみもあり、バターの風味を生かしたいお菓子に向いている。

3_薄力粉／強力粉／全粒粉
小麦粉はお菓子の骨格をつくる重要な材料。薄力粉はタンパク質の量が少なく粘りやコシが出ないため、やわらかい生地に仕上がる。強力粉はその反対で、しっかりした歯ごたえの生地になる。両方を混ぜて中力粉程度のタンパク質量にすることも可能。全粒粉は小麦の皮や胚芽が混ざっていて、ラフな食感と味わいに。

4_牛乳
本書では成分無調整の牛乳を使用。水分とともにあっさりとしたコクをプラスできる材料で、カスタードクリームやプリンに欠かせない。温めるときは、ぼこぼこ沸かすと風味も舌触りも悪くなるため、細かい泡がふっくら立つ程度の火加減で。

5_生クリーム
本書では、牛乳を原料とする乳脂肪分45%のフレッシュクリームを使用。30%台のものでも代用できるが、濃厚なコクがほしいときや、ホイップした状態をしっかりと保ちたいときには40%台がよい。泡立てるときは氷水にあて、しっかりと冷やしながら。

6_ヨーグルト
本書では、砂糖不使用のプレーンヨーグルトを使用。水きりするとコクが出て、あっさりしたフレッシュチーズのようになる。これを使うとお菓子に乳酸発酵のナチュラルな酸味が加わり、軽やかに仕上がる。

お菓子づくりの下準備

材料の状態を整えたり、型の準備をしたり、きちんと段取りすることが、
お菓子のおいしさと美しさに結びつきます。

❋ 粉類はふるう

小麦粉、ベーキングパウダー、アーモンドパウダー、抹茶などの粉類は、あらかじめふるってダマをなくしておく。ふるうことで空気をはらみ、生地に分散しやすくなる効果もある。アーモンドパウダーは粒子が粗いので、粉ふるいではなくストレーナー（ざる）に通すとよい。

❋ バターは室温にもどす

冷蔵庫から出したてのバターは、冷え固まっていて他の材料と混ざりにくく、空気を抱き込ませることができないため、へらでつぶせるくらいの温度にもどして使う（あえてかたいまま使うお菓子もある）。

❋ 型にオーブンシートを敷く

パウンド型などの角型には、バターを塗ってオーブンシートを敷く。角がすっきりするように余分な箇所は切り落とし、型よりも高めにしておくのがポイント。

❋ 型にバターを塗って粉をふる

クグロフ型など複雑な形の型で生地を焼くときは、オーブンシートを敷くことができないため、バターを隅々まで塗り、冷蔵庫で冷やし固めてから強力粉をまんべんなくまぶす。粉が必要以上につかないよう、逆さにして余った粉を落とすのを忘れずに。

❋ ゼラチン、寒天は水でもどす

板ゼラチンは水に浸してくにゃっとなるまでもどしてから使う。棒寒天は溶けにくいため、たっぷりの水に浸して芯までしっかりもどし、使うときは水気を絞る。

❋ ゼリーや寒天の型を水でぬらす

ゼリーや寒天の型は、ゼリー液や寒天液を流す直前にさっと水でぬらして使う。こうすると型の底に水の薄い膜ができ、液の密着を防いでとり出しやすくなる。

本書で使った道具

お菓子づくりでは、用途に合った専用の道具を使うことが大切です。
形、大きさ、素材など、すべてに意味があります。

1_ボウル
生地を混ぜたり泡立てたりするときは、材料が飛び散りにくい深めのボウルが使いやすい。ステンレス製は丈夫で軽く、泡立て器が強く当たってもダメージを受けず、湯せんや氷水に当てたときに温度が伝わりやすい。ひと回り大きなボウルがあると、湯せんや氷水で温度調節するときに重ねて使える。耐熱ガラス製は電子レンジ加熱に対応。

2_ゴムべら／木べら
ゴムべらは、生地をさっくりと混ぜ合わせたり、ボウルから生地やクリームを残らずすくいとったりするのに使う。適度なしなりとコシのある耐熱製のものが使い勝手がいい。木べらは、シュー生地などの粘りの強い生地を力強く混ぜたり、鍋底を強い力でこするように混ぜるときに使う。

3_泡立て器
クリームや卵を泡立てたり、生地や粉類をむらなく混ぜるのに使う。ワイヤーの本数が多いほど泡立ちが早い。ボウルの大きさに合ったサイズ、好みの重さを選ぶことが大切。卵の量が多いときには、ハンドミキサーを使う。

4_計量カップ
正確な計量は、お菓子づくりの基本中の基本。液体材料は計量カップで容量をはかり、固形材料はスケールで重量をはかる。耐熱ガラスカップは目盛りを読みとりやすく、電子レンジにかけたり、少量の材料を混ぜ合わせたり、何かと便利。

5_粉ふるい
粉ふるいは、小麦粉やベーキングパウダーなど粒子の細かい粉類をふるうのに使う。このほか、中程度の目の粗さのストレーナー（ざる）があると、アーモンドパウダーをふるったり、ヨーグルトの水きりなどに使える。

6_漉し器
粉ふるいよりさらに目が細かく、カスタードクリームや寒天液などを漉すのに便利。

7_製菓用木製ボード／めん棒
サブレ生地やブリゼ生地などを叩いたりのばしたりするときに使う。使うときには、ボードにもめん棒にも打ち粉（強力粉）をふって生地の付着を防ぐ。めん棒は茶葉を細かく砕くのにも便利。

8_リング型／クグロフ型
どちらも細かい刻みの入ったリング状の焼き菓子専用型。刻み模様がお菓子に独特の表情を与える。リング状だとオーブン内で中央からも熱が伝わって火の通りがよい。また、焼き色のつく面積（表面積）が大きいため、小麦粉の少ない生地でも形を保ちやすい。フッ素樹脂加工が施されたものがおすすめ。

9_パウンド型
パウンドケーキの型として、またチーズテリーヌ、フルーツゼリーなどの型にもなり、用途は広い。オーブンシートを敷く前にバターを薄く塗るとシートが安定する。

10_クッキー型
クッキー用の抜き型。さまざまな形、サイズがあるので、好みのものを選ぶとよい。

11_カード
手で握りやすい形のポリエチレン製薄板。生地を刻んだり切り分けたり、平らにならしたり、ボードに付着した生地をはがすときにも使う。

坂田阿希子

お菓子・料理研究家。料理研究家のアシスタントの後、フランス菓子店、フランス料理店などでも経験を重ね、独立。「studio SPOON」主宰。本来、砂糖やバターをたっぷり使ったフランス菓子が好みだが、本書では、砂糖を極限まで減らしつつおいしさを追求した、渾身のレシピを初めて紹介。試作を繰り返すうちに、甘くないお菓子の魅力にハマる。著書に『バゲットが残ったら』(グラフィック社)、『CAKES』(NHK出版)、『おかず、おつまみ、おもてなしにすぐ使える　絶品マリネ』(家の光協会)など多数。

あまくないから
おいしいお菓子

ギリギリの甘さで仕上げる新しいおいしさ。

2018年11月20日　第1版発行
2022年 5 月10日　第6版発行

著　　者　坂田阿希子
発 行 者　河地尚之
発 行 所　一般社団法人 家の光協会
　　　　　〒162-8448　東京都新宿区市谷船河原町11
　　　　　電話　03-3266-9029（販売）
　　　　　　　　03-3266-9028（編集）
　　　　　振替　00150-1-4724
印刷・製本　図書印刷株式会社

乱丁・落丁本はお取り替えいたします。定価はカバーに表示してあります。
©Akiko Sakata 2018　Printed in Japan
ISBN978-4-259-56600-5　C0077

ブックデザイン　福間優子
撮影　木村 拓（東京料理写真）
スタイリング　西﨑弥沙
取材　美濃越かおる
校正　安久都淳子
DTP制作　天龍社
編集　広谷綾子

材料協力：TOMIZ（富澤商店）
https://tomiz.com/　TEL 042-776-6488